BEI GRIN MACHT SICH IHR WISSEN BEZAHLT

AF140841

- Wir veröffentlichen Ihre Hausarbeit,
  Bachelor- und Masterarbeit

- Ihr eigenes eBook und Buch -
  weltweit in allen wichtigen Shops

- Verdienen Sie an jedem Verkauf

Jetzt bei www.GRIN.com hochladen und kostenlos publizieren

Bibliografische Information der Deutschen Nationalbibliothek:

Die Deutsche Bibliothek verzeichnet diese Publikation in der Deutschen National-
bibliografie; detaillierte bibliografische Daten sind im Internet über http://dnb.d-
nb.de/ abrufbar.

Impressum:

Copyright © 2015 GRIN Verlag, Open Publishing GmbH
Druck und Bindung: Books on Demand GmbH, Norderstedt Germany
ISBN: 9783668560727

Dieses Buch bei GRIN:

http://www.grin.com/de/e-book/377325/der-einfluss-von-shakespeare-auf-woyzeck-
von-georg-buechner

Xenia Klaffke

Der Einfluss von Shakespeare auf "Woyzeck" von Georg Büchner

"Mit einem Wort, ich halte viel auf ... Shakespeare ..."

GRIN Verlag

GRIN - Your knowledge has value

Der GRIN Verlag publiziert seit 1998 wissenschaftliche Arbeiten von Studenten, Hochschullehrern und anderen Akademikern als eBook und gedrucktes Buch. Die Verlagswebsite www.grin.com ist die ideale Plattform zur Veröffentlichung von Hausarbeiten, Abschlussarbeiten, wissenschaftlichen Aufsätzen, Dissertationen und Fachbüchern.

Besuchen Sie uns im Internet:

http://www.grin.com/

http://www.facebook.com/grincom

http://www.twitter.com/grin_com

Clemens-Brentano-Gymnasium   2014/2015

Dülmen

„*Mit einem Wort, ich halte viel auf …Shakespeare…*"

– Untersuchung des Einflusses Shakespeares in Büchners Werken anhand des Beispiels „Woyzeck"

vorgelegt
von
Xenia Klaffke

Fach: Deutsch Leistungskurs

Inhaltsverzeichnis

1. Einleitung

William Shakespeare ist wohl einer der erfolgreichsten Dramatiker und Dichter aller Zeiten. Er hat mit seinem Schaffen im Vergangenen ganze Generationen geprägt. Dass diese Facharbeit sich aber tatsächlich mit der Untersuchung des Einflusses von Shakespeare auf einen Autor, hier Büchner, beschäftigt, ist beinahe Zufall.

Shakespeare begegnete mir zufällig privat häufiger. „Das Schicksal ist ein mieser Verräter" hat im Originaltitel eine Shakespeareanspielung, die BBC warb mit einem Shakespearemonolog. Dies zeigte mir, dass Shakespeare selbst heute noch Einfluss besitzt. Ich fragte mich, wie dieser Einfluss früher war, wenn er heute noch präsent ist. Shakespeares Einfluss in früheren Epochen wurde schnell eine Idee für die Facharbeit. „Mit einem Wort, ich halte viel auf Goethe oder Shakespeare, aber sehr wenig auf Schiller."[1] Dieser Satz aus einem Brief Georg Büchners wurde der Hauptgrund, warum ich meine Facharbeit nun auf den Einfluss Shakespeares bei Büchner beziehen wollte.

Das Ziel dieser Facharbeit ist es den Einfluss von Shakespeare in Büchners Werken nachzuweisen oder zu wiederlegen. „Woyzeck" repräsentiert hier die Werke Büchners, da eine Untersuchung aller Werke im Rahmen einer Facharbeit unmöglich ist. Zunächst werden als Untersuchungsgrundlage die Ideen Büchners und Shakespeares vom Drama beziehungsweise Theater herausgearbeitet. Begonnen wird dabei mit Shakespeare. Danach wird „Woyzeck" sowohl inhaltlich als auch stilistisch mit den Ideen und Werken Shakespeares verglichen. Büchners Ideen vom Drama werden dabei ebenfalls aufgegriffen. Weitere schriftstellerische Einflüsse werden ebenfalls kurz betrachtet, um abschließend zu einem gut fundierten Fazit zu gelangen.

Das Theater Shakespeares wird beispielhaft vor allem an den Tragödien „Hamlet", „König Lear", „Macbeth" und „Romeo & Julia" erläutert. In der Untersuchung werden generell die Tragödien Vorrang haben, da es aufgrund des „Fallens" Woyzecks unpassend wäre, „Woyzeck" mit Komödien und Historien Shakespeares zu vergleichen. Ob insgesamt ein Einfluss Shakespeares in Büchners Werken vorhanden ist, wird sich in folgender Erarbeitung zeigen.

2. Shakespeares Theater

William Shakespeare hinterließ der Nachwelt keine privaten Schriftzeugnisse.[2] [3] Somit sind von Shakespeare auch keine persönlichen Auffassungen übers Theater und Drama

---

[1] http://www.buechnerbuehne.de/Resources/Briefe.pdf, entnommen am 24.01.2015.
[2] Vgl. Baumann, Uwe: Shakespeare und seine Zeit, Stuttgart, [1]1998, S.18.

überliefert. Seine Ideen vom Drama und Theater lassen sich allerdings aus seinen Werken und den historischen Spielbedingungen[4] ableiten.

Shakespeare selbst war nicht nur Dramatiker, sondern auch Schauspieler und Theaterteilhaber.[5] Somit beschränken sich seine Vorstellungen übers Drama nicht auf die schriftliche Form, sondern sind deutlich an einer szenischen Darstellung orientiert.[6]

2.1. Bühne und Spielbedingungen

Das elisabethanische Theater ist stadionähnlich gebaut.[7] [8] Die Bühne ist nach drei Seiten geöffnet. Somit ist keine Distanz zwischen Zuschauer und Bühne vorhanden, sodass die Dramengestaltung das Publikum zwingend ins Spiel mit einbezieht.[9] [10] Dies führt zum Einsatz der Wortkulisse. Sie verortet die Szene mit der Sprache. Auch Emotionen, Bewegungen oder die Handlung selbst werden wörtlich dargestellt.[11] Der Bau und die Publikumszusammensetzung führen weiterhin zum Einsatz von „comic reliefs"[12] [13] [14] und ernsten Elementen in Komödien.[15] Dies soll einen Stimmungsumbruch beim Zuschauer verhindern.[16]

Des Weiteren gibt es zwei Nebenbühnen. Eine Guckkastenbühne in der hinteren Mitte der Hauptbühne und eine balkonähnliche Bühne über der Hauptbühne.[17] [18] Die Bauart der Bühne hat so ebenfalls Einfluss auf Shakespeares Dramen. Als Beispiel dient hier die „Balkonszene" aus „Romeo und Julia".[19]

2.2. Motive und Moral

Im elisabethanischen Weltbild herrscht weitestgehend noch der „Glaube an eine universale Ordnung".[20] Bei William Shakespeare ist daher der Ordnungsverlust ein

---

[3] Vgl. Baumann, S.21-24.
[4] Die historischen Spielbedingungen beziehen sich auf das elisabethanische und jakobinische Theater.
[5] Vgl. Schabert, Ina: Shakespeare-Handbuch, Stuttgart, [2]1978, S.159-162.
[6] Vgl. Suerbaum, Ulrich: Shakespeares Dramen, Düsseldorf, [1]1980, S.69ff.
[7] Vgl. Suerbaum, S.66f.
[8] Vgl. Baumann, S.15 (siehe Abbildung).
[9] Siehe Anhang Anlage 1&2.
[10] Vgl. Suerbaum, S.66-71.
[11] Vgl. Suerbaum, S.74f.
[12] Komödiantische Elemente in Tragödien.
[13] Vgl. Shakespeare, William: The Oxford Shakespeare – The Complete Works, Oxford, [2]2005, S.976-977; („Macbeth" II/2,3).
[14] Vgl. Suerbaum, S.71.
[15] Vgl. Shakespeare, S.720-742; („Twelfth Night").
[16] Vgl. Suerbaum, S.70f.
[17] Vgl. http://www.william-shakespeare.de/theater_technik_buehnenbild.html, entnommen am 23.02.2015.
[18] Siehe Anhang Anlage 1&2.
[19] Vgl. Shakespeare, S.378-380; („Romeo & Juliet" II/2).
[20] Suerbaum, S.99.

präsentes Motiv. Dieser wird unter anderem durch das Schicksal verursacht. In „Hamlet" ist beispielsweise die Ordnung durch die Ermordung Hamlets Vaters und dem Mörder als neuem König gestört.[21]

Weitere Motive sind die „Eigenschaften und Leidenschaften von Personen".[22] Diese werden gerade bei den Hauptpersonen extrem dargestellt und sind somit oft ein Motiv des Wahnsinns.[23] Ehre, Liebe, Rache, Bosheit, Verrat/Treue und politische Themen sind ebenfalls bei Shakespeare zu finden und beruhen teils auf den Leidenschaften der Personen.[24] Auch der Sinn des Lebens wird beispielsweise in „Hamlet" thematisiert.[25]

Trotz teils „expliziten moralischen Beurteilungen"[26] im Drama, gibt es bei Shakespeare keine allgemeingültige Festlegung der Moral; sie wird vom Autor nicht vorgegeben.[27]

2.3. Darstellung der Person

Die Darstellung des Menschen bei Shakespeare ist ein Hauptbestandteil seiner Dramen. Die einzelnen Personen werden zu komplexen Charakteren ausgebaut. Emotionen des Individuums werden in der Handlung dargestellt.[28] [29] „Themen sind [unter anderem] die Eigenschaften und Leidenschaften von Personen, der Ehrgeiz des Macbeth, die Eifersucht Othellos."[30]

Das Wesen des Menschen wird vor allem bei den Hauptfiguren durch individuelle Extremsituationen gezeigt. Monologe und das beiseite Reden tragen dazu bei.[31] Charaktere erzeugen so Sympathie und auch Mitleid. Dies trifft auch auf die „Vice-Figur"[32] zu.[33] Durch die offene Moral entwickelt sich der Mensch im Drama mit seinen Taten.[34]

2.4. Sprache

William Shakespeares Sprache im Drama ist vor allem durch einen sehr großen Wortschatz geprägt. Der Einsatz von Wortkulisse und der dadurch verstärkten

---

[21] Vgl. Shakespeare, S.682-718; („Hamlet").
[22] Suerbaum, S.119.
[23] Vgl. Suerbaum, S.134f.
[24] Vgl. Schabert, S.356-363.
[25] Vgl. Shakespeare, S.697-698; („Hamlet" III/1).
[26] Schabert, S.340.
[27] Vgl. Schabert, S.340f.
[28] Vgl. Suerbaum, S.119f.
[29] Vgl. Schabert, S.339-343.
[30] Suerbaum, S.119.
[31] Vgl. Suerbaum, S.134.
[32] Die „Vice-Figur" ist die Personifikation des Bösen/der bösen Leidenschaft.
[33] Vgl. Suerbaum, S.101f.
[34] Vgl. Schabert, S.339-343.

Metaphorik ist elementar. Wortspiele finden ebenfalls Verwendung.[35] [36]

Shakespeare benutzt häufig Blankverse.[37] [38] Des Weiteren tauchen auch Ironie, derbe Witze,[39] kleinere Gedichtabschnitte und Gesangselemente in seinen Dramen auf.[40] Zum Beispiel singt in „König Lear" der Narr an einigen Stellen.[41]

Pro- und Epiloge rahmen teils die Handlung ein.[42] In Shakespeares Dramen findet man sowohl Hoch- als auch Alltagssprache. Er passt die Sprache der Person an, sodass sie dem wirklichen Stand dieser Person angenähert ist oder stilistisch zur Szene passt.[43]

2.5. Bruch mit der Tradition nach Aristoteles – offene Form

Shakespeares Werke halten sich nicht an die dramatische Tradition nach Aristoteles. Die drei Einheiten von Raum, Zeit und Handlung sind in den Werken nicht gegeben.[44] „König Lear" spielt zum Beispiel an vielen Orten, besitzt eine mit der Haupthandlung verworren Nebenhandlung und geht weit über den bei Aristoteles üblichen Zeitraum.[45] Die Ständeklausel findet ebenfalls keine wirkliche Verwendung. Die Größe der adeligen Helden wird durch den Charakter bestimmt. Die unteren Stände bekommen bei Shakespeare Eigenständigkeit und werden dem Adel beiseite gestellt. Hoch- und Alltagssprache kommen zum Einsatz.[46]

Der Bruch mit den drei Einheiten und der Ständeklausel sind Merkmale dafür, dass Shakespeares Dramen der offenen Form angehören. Jedoch besitzen die meisten Dramen gleichzeitig die klassische 5-Akt-Stuktur. Diese wird allerdings nicht zweckmäßig benutzt, da sich die Handlung aus dem Handeln der Rollen entwickelt.[47]

3. Büchners Ideen vom Drama

Im Gegensatz zu Shakespeare[48] gibt es von Büchner eine Vielzahl erhaltener Briefe in denen er sich auch über seine Vorstellungen zum Drama äußert. Des Weiteren werden Aspekte von Büchners Dramenvorstellung durch sein Welt- und Menschenbild

---

[35] Vgl. Schabert, S.321-334.
[36] Vgl. Shakespeare, S.685; („Hamlet" I/2, Z.65).
[37] Reimloser jambischer Pentameter.
[38] Vgl. Schabert, S.329f.
[39] Vgl. Schabert, S.40.
[40] Vgl. Schabert, S.321-334.
[41] Vgl. Shakespeare, S.1160-1161; („King Lear" I/4).
[42] Siehe Shakespeare, S.370, („Romeo & Juliet" Prolog).
[43] Vgl. Schabert, S.321-334.
[44] Vgl. Klotz, Volker: Geschlossene und offene Form im Drama, München, [13]1992, S.226-228.
[45] Vgl. Shakespeare, S.1154-1184; („King Lear").
[46] Vgl. Klotz, S.226-228.
[47] Vgl. Klotz, S.226-228.
[48] Vgl. Baumann, S.18.

geprägt.[49] [50] Diese Aspekte lassen sich ebenfalls aus seinen Briefen gewinnen, welche folgend genauer betrachtet werden.

3.1. Die Aufgaben des dramatischen Dichters

Vor allem in Georg Büchners Brief „An die Familie", vom 28.07.1834, lässt sich seine Vorstellung der Aufgaben des dramatischen Dichters finden.[51]

Laut Büchner ist der dramatische Dichter ein Geschichtsschreiber, jedoch berichtet der dramatische Dichter nicht einfach nur wie der Geschichtsschreiber. Die Geschichte wird zum zweiten Mal erschaffen, indem der dramatische Dichter versucht die Zuschauer beziehungsweise die Leser in die Zeit und das Leben des gewählten Stoffes hineinzuversetzen. Handlungen werden dramatisch aufbereitet.[52] Auch Personen werden nicht einfach beschrieben[53] und nach einem Begriff charakteristisch stilisiert;[54] ihnen wird ein eigener individueller Charakter gegeben.

Aber die „höchste Aufgabe"[55] des Dramatikers besteht nach Georg Büchner darin, der Wirklichkeit der Handlung so nahe wie möglich zu kommen. Das Buch des dramatischen Dichters darf von der Darstellung der Handlung und der Personen nicht abweichen. Sie dürfen weder positiver noch negativer dargestellt werden.[56] Die realistische Darstellung der Wirklichkeit im Drama sorgt so unter anderem dafür, dass die Figur im Drama „reale" Emotionen und Probleme besitzt. Die Figur bekommt durch diese Verbindung zur Realität ihren bereits zuvor erwähnten Charakter. Georg Büchners Figuren sind „Menschen von Fleisch und Blut",[57] sind also (durch ihren Charakter) menschlich. Diese „Menschlichkeit" lässt den Zuschauer/Leser mit der Person im Drama mitempfinden und mitleiden.[58]

Im weiteren Bezug auf die Wirklichkeit erwähnt Georg Büchner die Sprache. Diese sollte ebenfalls zur Zeit und Person der Geschichte passen. Büchner selbst würde von der wirklichen (derben) Sprache nur einen Schwachen Abriss machen.[59]

---

[49] Vgl. Büchner, An die Familie, Gießen, Februar 1834.
[50] Vgl. Büchner, An die Braut, Gießen, nach dem 10.03.1834.
[51] Vgl. Büchner, An die Familie, Straßburg, 28.07.1835.
[52] Vgl. Büchner, An die Familie, Straßburg, 28.07.1835.
[53] Vgl. Büchner, An die Familie, Straßburg, 28.07.1835.
[54] Vgl. http://www.zum.de/Faecher/D/BW/gym/Buechner/determini_1.htm, entnommen am 08.02.2015, nach: Büchner, Georg: Dantons Tod, II/3.
[55] Büchner, An die Familie, Straßburg, 28.07.1835.
[56] Vgl. Büchner, An die Familie, Straßburg, 28.07.1835.
[57] Büchner, An die Familie, Straßburg, 28.07.1835.
[58] Vgl. Büchner, An die Familie, Straßburg, 28.07.1835.
[59] Vgl. Büchner, An die Familie, Straßburg, 28.07.1835.

In Büchners Augen ist der Dramatiker kein „Lehrer der Moral".[60] Der dramatische Dichter lässt zwar die Geschichte aufleben, der Lerneffekt beziehungsweise die Belehrung wird allerdings nicht von jenem vorgegeben. Die Zuschauer oder Leser lernen aus dem Drama wie aus der Geschichte oder dem eigenen Leben. Der Lerneffekt oder die Belehrung ergibt sich so aus dem Handeln und Tun der Akteure.[61] [62]

3.2. Idealismuskritik und Weltbild

In Büchners Begriff vom Drama ist die Wiedergabe einer realistischen Wirklichkeit ein zentraler und wichtigster Aspekt.[63] Mit der Realisierung der dramatischen Wirklichkeit ist Büchner gegen eine Idealisierung dieser und Anhänger des Realismus.

„Wenn man mir übrigens noch sagen wollte, der Dichter müsse die Welt nicht zeigen wie sie ist, sondern wie sie sein solle, so antworte ich, dass ich es nicht besser machen will, als der liebe Gott, der die Welt gewiss gemacht hat, wie sie sein soll."[64]

An diesem Zitat Büchners wird deutlich, dass der Schriftsteller seine Kritik am Idealismus nicht aus stilistischen oder ähnlichen Gründen äußert, sondern aus persönlichen („ich […] will"). Dies liegt an dem Welt- und Menschenbild Büchners.

Sein Welt- und Menschenbild ist des Weiteren durch den Determinismus geprägt.[65] [66] Er geht davon aus, dass jeder Mensch, unter gleichen Voraussetzungen geboren, gleich sein würde. Verschiedene Umstände, zum Beispiel das Umfeld in Form von Gesellschaft, bestimmt den Menschen und machen ihn so zu dem, was er ist.[67] Zu Zeiten Büchners waren solche Umstände unter anderem die politisch-gesellschaftlichen Verhältnisse und der dadurch wachsende Materialismus, die den Autor prägten.[68] [69] [70]

Dieses Bild Büchners besitzt sehr negative Züge und ist nihilistisch. Es lässt den einzelnen Menschen bedeutungslos werden.[71] Darüber hinaus steht es gegensätzlich zu einem idealisierten Welt- und Menschenbild und somit auch zum Idealismus.

Büchner hält daher auch nicht viel von Idealdichtern, wie Friedrich Schiller.[72] Dessen idealisierte Darstellung von Geschichte und Mensch widerstrebt Büchners.

---

[60] Büchner, An die Familie, Straßburg, 28.07.1835.
[61] Vgl. Büchner, An die Familie, Straßburg, 28.07.1835.
[62] Vgl. Büchner, An die Familie, Straßburg, 01.01.1836.
[63] Vgl. Punkt 3.1.
[64] Vgl. Büchner, An die Familie, Straßburg, 28.07.1835.
[65] Vgl. Büchner, An die Familie, Gießen, im Februar 1834.
[66] Vgl. Büchner, An die Braut, Gießen, nach dem 10.03.1834.
[67] Vgl. Büchner, An die Familie, Gießen, im Februar 1834.
[68] Vgl. Büchner, An Gutzekow, Straßburg, 1836.
[69] Vgl. Büchner, An die Braut, Gießen, nach dem 10.03.1834.
[70] Vgl. Büchner, An die Familie, Straßburg, 08.04.1833.
[71] Vgl. Büchner, An die Braut, Gießen, nach dem 10.03.1834.
[72] Vgl. Büchner, An die Familie, Straßburg, 28.07.1835.

Idealisierte Rollen im Drama wirken laut Büchner unnatürlich und unmenschlich.[73]

4. Einfluss Shakespeares in Büchners Werken – Beispiel „Woyzeck"

Mit den nun vorhandenen Grundlagen zu den dramatischen Auffassungen der beiden Schriftsteller lässt sich eine Untersuchung des Einflusses von William Shakespeare in Georg Büchners Werken an dem zuvor festgelegten Werk „Woyzeck" durchführen.

4.1. Inhalt und Form: „Woyzeck"

Georg Büchners Dramenfragment „Woyzeck" handelt von dem einfachen Soldaten Franz Woyzeck, der versucht mit seiner Freundin Marie und dem gemeinsamen unehelichen Kind über die Runden zu kommen. Deswegen nimmt Woyzeck noch an einem Erbsenexperiment des Doktors teil und erledigt kleinere Arbeiten für den Hauptmann. Woyzeck wird von den beiden erniedrigt und seelisch unter Druck gesetzt. Der psychisch labile Woyzeck beginnt unter den Erniedrigungen und dem Druck Stimmen zu hören. Auch Marie setzt ihn unter Druck, da sie höhere Lebensansprüche hat. Sie beginnt eine Affäre mit dem Tambourmajor, der ihre Bedürfnisse erfüllt. Als Woyzeck von der Affäre erfährt, hält er der psychischen und physischen Belastung nicht mehr stand. Er ersticht Marie mit einem Messer.[74]

4.2. Vergleich: inhaltliche Aspekte

Eine inhaltliche Ähnlichkeit zwischen Szenen oder Rollen aus „Woyzeck" und den Werken Shakespeares, ist beispielhaft bei „König Lear" und „Othello" zu finden.
König Lear ist ein Narr zur Seite gestellt, der auf den ersten Blick nur Unsinn redet aber auf den zweiten Blick eine gewisse Wahrheit beziehungsweise Weisheit besitzt. Der Narr deutet in I/4 beispielsweise Cordelias Heirat und die Verbannung Kents voraus.[75]
In „Woyzeck" Szene sechzehn könnten die Worte des Narren darauf anspielen, dass Marie möglicherweise bald ihr Kind „verliert", wenn sie ihr Verhalten nicht ändert.[76] [77]
In „Othello" erkennt man, dass es zum Mord an der Ehefrau ähnliche Äußerungen wie zu Maries Ermordung gibt. Diese geschehen allerdings in etwas anderer Reihenfolge.[78]

---

[73] Vgl. Büchner, An die Familie, Straßburg, 28.07.1835.
[74] Vgl. Büchner, Georg: Woyzeck, Paderborn, [21]2012, S. 5-31.
[75] Vgl. Shakespeare, S.1160 („King Lear" I/4, Z. 98-105).
[76] Maries „Bedürfniserfüllung" durch den Tambourmajor wird die Grundlage für ihre Ermordung.
[77] Vgl. Büchner, S.24, 28.
[78] Siehe Shakespeare, S.904 („Othello" V/2). & Büchner, S.28.

4.3. Vergleich: stilistische Aspekte

Nun wird geprüft, ob Shakespeares Ideen übers Drama Einfluss in „Woyzeck" hatten. Dazu wird im Folgendem, in Anlehnung an die in Punkt zwei aufgeführten Aspekte, ein Vergleich aufgestellt. Büchners Ideen vom Drama werden ebenfalls mit einbezogen.

4.3.1. Spielbedingungen

Die durch die Spielbedingungen oft bei Shakespeare eingesetzten „comic reliefs" sind auch in Woyzeck vorhanden. Hier sind diese allerdings keine Folge der Spielbedingungen. In der zehnten Zehne ist Woyzeck in Aufruhe und befürchtet Marie mit dem Tambourmajor beim Tanzen zu erwischen. In der elften Szene ist Woyzeck am Wirtshaus angekommen, doch bevor er Marie mit dem Tambourmajor erblickt, treten zwei betrunkene Handwerksburschen auf.[79]

4.3.2. Motive und Moral

In „Woyzeck" findet man mehrere Motive, auch mit Bezügen zu Shakespeare. Unter anderem werden die Leidenschaften der Personen thematisiert. So gibt es zum einen das Motiv der Untreue, da Marie Woyzeck betrügt.[80] Zum anderen ist Eifersucht ein weiteres Motiv.[81] Die Leidenschaften sind jedoch kein Hauptmotiv.

Das Hauptmotiv besteht zum einen aus dem Wahnsinn. Woyzeck hat beispielsweise Wahnvorstellungen.[82] Viele Shakespeare-Helden besitzen ebenfalls dieses Motiv.[83] Bei Büchners Wahnsinnsmotiv spielt jedoch auch die geschichtliche Vorlage eine Rolle[84] und dient nicht nur zur Unterhaltung. Zum anderen liegt der Ursprung des Wahnsinns nicht in einer Leidenschaft, sondern in Woyzecks sozialer Determinierung.[85]

Büchners durch den Determinismus geprägtes Welt- und Menschenbild[86] sorgt dafür, dass der Determinismus bei Woyzeck ein Hauptmotiv ist.[87]

Im Dramenfragment gibt es keine allgemeingültige Moral. Dies ist typisch für Shakespeare, aber auch für Büchner, der gegen die Festlegung einer Moral ist.[88]

---

[79] Vgl. Büchner, S.19-21.
[80] Vgl. Büchner, S.14.
[81] Vgl. Büchner, S.20f.
[82] Vgl. Büchner, S.62f.
[83] Vgl. 2.2.
[84] Vgl. 3.1.
[85] Vgl. Büchner, S.5-31.
[86] Vgl. 3.2.
[87] Vgl. Büchner, S.5-31.
[88] Vgl. 2.2. & 3.1.

4.3.3. Darstellung der Person

Woyzeck ist ein komplexer Charakter mit „realen" Gefühlen und Problemen. Seine Gefühle individualisieren die Rolle „Woyzeck". Seine Probleme, wie die finanzielle Not, sind alltäglich. Er verkörpert einen einfachen Soldaten und ist diesem sehr realistisch nachempfunden. Viele Rollen sind im Drama zwar nur skizziert, aber die Rollen im Mittelpunkt, gerade Woyzeck, besitzen Charakter oder charakterliche Züge, auch wenn sie nicht adelig sind.[89]

Büchner begründet dies Charakterdarstellung mit der angestrebten Wirklichkeitsnähe.[90] Bei Shakespeare sind die Hauptpersonen wie „Hamlet" oder „Macbeth" zwar adelig aber ebenfalls große Charaktere. Sympathie und Mitleid erlangen sie durch ihr Handeln in Extremsituationen, sodass sich ihr Charakter anhand ihrer Taten entwickelt.[91]

4.3.4. Sprache

Die Sprache in „Woyzeck" ist Alltagssprache. Sie ist teils zwar derbe, aber entspricht der realen Sprechweise.[92] Eine Wortkulisse wie in den Dramen William Shakespeares gibt es bei „Woyzeck" nicht. Auch die weitreichende Metaphorik Shakespeares ist so nicht vorhanden.[93] Es gibt allerdings einige Wortemotive, die in Büchners Dramen- fragment öfters aufgegriffen werden. Zum Beispiel nachdem Woyzeck in Szene elf Marie und den Tambourmajor sieht, sagt er „Immer zu! – Immer zu!"[94], weil Marie dies zu dem Tambourmajor sagte. In den Szenen elf, zwölf, dreizehn und zweiundzwanzig taucht diese Aussage wieder auf.[95] Inhaltlich kann noch die Mordszene hinzu gezählt werden, da hier Woyzeck (immer zu) auf Marie einsticht und sie „Immer noch"[96] lebt. Eine weitere Parallele zu Shakespeare besteht in dem Einsatz von Gesangselementen. In „Woyzeck" singen unter anderem Marie, Andres und Woyzeck selbst.[97]

4.3.5. Form

„Woyzeck" ist ein Drama der offenen Form. Die der Einheiten von Raum, Zeit und Handlung sind nur teils vorhanden. Das Drama besitzt keine Akte und spielt an

---

[89] Vgl. Büchner, S.5-31.
[90] Vgl. 3.1. & 3.2.
[91] Vgl. 2.3.
[92] Vgl. Büchner, S.15.
[93] Vgl. Büchner, S.5-31.
[94] Vgl. Büchner, S.21.
[95] Vgl. Büchner, S.20-22; 28.
[96] Büchner, S.28.
[97] Vgl. Büchner, S.5-31.

mehreren Tagen. Lediglich die Einheit der Handlung ist gegeben.[98] [99]

Ein weiteres Merkmal für die offene Form stellt die verwendete Alltagssprache dar. Auch die zu einander autonomen Szenen sind typisch für das offene Drama.[100]

Die Ständeklausel findet keine Verwendung. Im Fokus des Dramas stehen die Probleme und Emotionen eines einfachen Soldaten.[101]

Generell unterscheidet sich die offene Dramenform von Büchner und Shakespeare insofern voneinander als dass „Woyzeck" das „klassische" offene Drama repräsentiert, während bei Shakespeares Form des offenen Dramas auch Elemente des geschlossenen Dramas vorhanden sind.[102]

5. „Mit einem Wort, ich halte viel auf Goethe oder Shakespeare…" – Ist Shakespeares Einfluss ein Monopol in Büchners Werken?

„Das Gefühl, dass, was geschaffen sei, […] sei das einzige Kriterium in Kunstsachen. Übrigens begegne es uns nur selten, in Shakespeare finden wir es und in den Volksliedern tönt es einem ganz, in Goethe manchmal entgegen. Alles Übrige kann man ins Feuer werfen."[103]

Dieser Ausschnitt aus Georg Büchners Novelle „Lenz" gibt einen Einblick über Einflüsse anderer Schriftsteller in Büchners Werken. Die Textpassage schließt zwar keine anderen Einflüsse aus, verdeutlicht aber, dass neben William Shakespeare noch Johann Wolfgang von Goethe und Jakob M. R. Lenz Inspirationen Büchners waren.

5.1. Lenz – Einflüsse in „Woyzeck"

Georg Büchner orientierte sich in „Woyzeck" an einigen Stellen an dem Drama „Die Soldaten" von Lenz.[104]

Es fällt auf, dass die beiden weiblichen Protagonistinnen den gleichen Namen(Marie) tragen.[105] [106] Die Namensgleichheit unterstreicht zusätzlich die Ähnlichkeit der Szene Vier in „Woyzeck" mit der Szene I/6 in „Die Soldaten".[107]

---

[98] Vgl. Büchner, S.5-31.
[99] Vgl. Klotz, S.100-214.
[100] Vgl. Klotz, S.150-154.
[101] Vgl. Büchner, S.5-31.
[102] Vgl. Klotz, S.100-227.
[103] http://www.buechnerbuehne.de/Resources/Lenz.pdf, entnommen am 24.01.2015.
[104] Vgl. [Hrsg.]Dedner, Burghard & [Hrsg.]Beil, Ralf: Georg Büchner – Revolutionär mit Feder und Skalpell, Ostfildern, ¹2013, S.297-301.
[105] Vgl. Büchner, S.10-11.
[106] Vgl. [Hrsg.]Dedner & [Hrsg.]Beil, S.297.
[107] Vgl. [Hrsg.]Dedner & [Hrsg.]Beil, S.297.

Die Ähnlichkeiten beziehen sich auf den Szenenkopf und die Szenenanweisungen. Beide Szenenköpfe und jeweils die ersten Szenenanweisungen sind inhaltlich fast identisch.[108] [109] In beiden Szenen sitzt Marie und bespiegelt sich.[110] Eine weitere Ähnlichkeit besteht auch zwischen den folgenden Szenenanweisungen in denen Marie beim Bespiegeln gestört wird und versucht ihren Schmuck zu verdecken.[111] [112]

5.2. Goethe – Einflüsse in „Woyzeck"

„Mit einem Wort, ich halte viel auf Goethe oder Shakespeare[...]"[113]

Dieses Zitat unterstreicht die Rolle Goethes im Schaffen Büchners. So lassen sich in Bezug auf „Woyzeck" ebenfalls Parallelen in der vierten Szene finden. Maries Freude über die Ohrringe in Szene Vier erinnert an Margaretes Freude über die Ohrringe in Goethes „Faust", Szene Acht.[114] [115]

Obwohl Goethe eine Inspiration für Büchner war, lässt sich in „Woyzeck" selbst nur ein relativ geringer Einfluss dessen finden. Allerdings findet man weitere Einflüsse Goethes in anderen Werken Büchners wieder.[116] [117]

5.3. Shakespeares Einfluss als Monopol in Büchners Werken?

An den Ergebnissen aus den Punkten 5.1.1. und 5.1.2. wird deutlich, dass weder der Einfluss von Lenz noch der von Goethe, an den umfangreichen Einfluss William Shakespeares in „Woyzeck" herankommen.

Es ist wichtig zu erwähnen, dass Elemente die sowohl bei einem der beiden Schriftsteller als auch bei „Woyzeck" vorhanden sind, aber bereits bei Shakespeare auftauchten, nicht als weiterer Fremdeinfluss gesehen werden. Denn sowohl Lenz[118] als auch Goethe[119] waren, wie viele zeitgenössische Kollegen,[120] große Befürworter Shakespeares.[121] [122] Gerade Goethe war in jungen Jahren regelrecht von Shakespeare

---

[108] Siehe [Hrsg.]Dedner/[Hrsg.]Beil, S.297-299. & Büchner, S.10-11.

[109] Vgl. [Hrsg.]Dedner & [Hrsg.]Beil, S.297.

[110] Siehe [Hrsg.]Dedner/[Hrsg.]Beil, S.297-299. & Büchner, S.10-11.

[111] Sehe [Hrsg.]Dedner/[Hrsg.]Beil, S.297-299. & Büchner, S.10-11.

[112] Vgl. [Hrsg.]Dedner & [Hrsg.]Beil, S.299.

[113] Büchner, An die Familie, Straßburg, 28.07.1835.

[114] Siehe www.gasl.org_refbib_Goethe__Faust.pdf, entnommen am 25.02.2015.& „Woyzeck" Kammer(4), S. 10-11

[115] Vgl. [Hrsg.]Dedner & [Hrsg.]Beil, S.299.

[116] Vgl. [Hrsg.]Dedner & [Hrsg.]Beil, S.297.

[117] Vgl. [Hrsg.]Dedner & [Hrsg.]Beil, S.301-305.

[118] Vgl. http://gutenberg.spiegel.de/buch/anmerkungen-ubers-theater-5805/1, entnommen am 25.02.2015.

[119] Vgl. http://www.schule-bw.de/unterricht/faecher/deutsch/unterrichtseinheiten/epoch2/sturm-und-drang/genie1.doc, entnommen am 08.02.2015.

[120] Vgl. Schabert, S.717-725.

[121] Vgl. Lenz, Anmerkungen übers Theater, 1774.

überwältigt. Er fühlte seine „Existenz um eine Unendlichkeit erweitert".[123] Zu den weiteren schriftstellerischen Einflüssen neben Shakespeare in „Woyzeck" lässt sich also sagen, dass selbst diese Wurzeln bei Shakespeare haben.

6. Zusammenfassung/Ergebnis/Fazit

Abschließend ist nun zu beurteilen, ob William Shakespeare Einfluss auf Georg Büchners Werke beziehungsweise in „Woyzeck" hatte.

Wenn man sich zuerst die verschiedenen Vorstellungen Büchners und Shakespeares vom Drama anschaut, lassen sich bereits einige Parallelen erkennen. Beide legen zum Beispiel Wert auf die Charakterdarstellung und geben keine Moral im Drama vor. Büchner ist jedoch Anhänger des Realismus. Somit ist die realistische Darstellung ein zentrales Element bei Büchner, das neben dem Determinismus seinen Dramenbegriff prägt. Bei Shakespeare kann eine Ausrichtung zum Realismus nicht festgestellt werden, wodurch sie auch im Dramenbegriff nicht dieselbe Rolle spielt wie bei Büchner.

Bei der Untersuchung des Dramenfragments „Woyzeck" ließen sich viele inhaltliche und vor allem stilistische Elemente finden, die bereits bei Shakespeare verwendet wurden. Der Einbezug von Gesangselementen, „comic reliefs" oder des Motivs des Wahnsinns sind beispielsweise bereits bei Shakespeare fester Bestandteil der Dramen, aber auch in „Woyzeck" zu finden. Weiterhin ist Woyzeck eine Figur von Charakter, wie die Hauptfiguren der Shakespeare Dramen.

Andere, viel geringere Einflüsse in „Woyzeck" und somit auch auf Büchner hatten Johann Wolfgang von Goethe und Jakob Michael Reinhold Lenz. Allerdings waren beide ebenfalls durch Shakespeare beeinflusst worden.

Trotz kritischer Betrachtung der Quellen, erscheint das Ergebnis auf Grundlage dieser nachvollziehbar und fundiert.

Zusammenfassend lässt sich sagen, dass auf Grundlage der vorhandenen Quellen und den gewonnenen Erkenntnissen aus dieser Erarbeitung William Shakespeare einen großen Einfluss in „Woyzeck" und damit wahrscheinlich auch in den anderen Werken Georg Büchners gehabt hatte. Der Einfluss ist durchaus als elementar anzusehen, jedoch gleichwertig zu dem Einfluss den Büchners Welt- und Menschenbild hat.

Ob Shakespeare heute oder in Zukunft auch noch so einen großen Einfluss darstellt beziehungsweise darstellen wird, zeigt sich in den jetzigen beziehungsweise wird sich in den folgenden Schriftstellergenerationen zeigen.

---

[122] Vgl. Goethe, Zum Schäkespears Tag, Frankfurt, 1771.
[123] Goethe, Zum Schäkespears Tag, Frankfurt, 1771, Z.31.

7. Literaturverzeichnis/Quellenverzeichnis

Erläuterungen zu den verwendeten Abkürzungen:

1.) Sowohl Primär- als auch Sekundärliteratur wird nach einmaliger vollständiger Angabe in den Fußnoten fortfolgend mit dem Nachnamen des Autors und den entsprechenden Seitenzahlen angegeben. Bei dem Sammelband der Shakespearewerke wird der Titel des jeweils benutzten Dramas in Klammern der eigentlichen Quellenangabe nachgestellt. Die Szenen werden wie folgt angegeben:
Akt(römische Zahl)/Szene(arabische Zahl).

2.) Der Ausstellungskatalog wird nach einmaliger vollständiger Angabe in den Fußnoten mit den Nachnahmen der Herausgeber und den entsprechenden Seitenzahlen aufgeführt.

3.) Internetquellen werden das erste Mal ebenfalls vollständig in den Fußnoten angegeben; danach mit der Kurz-URL.

4.) Internetquellen, die ganze Werke oder Schriften von Schriftstellern enthalten, werden nach der ersten Quellenangabe fortlaufend mit dem Nachnamen des Autors, dem Titel und gegebenenfalls mit Ort und Jahr angegeben. Eine Angabe der Seitenzahl ist ebenfalls möglich.

Primärliteratur
Büchner, Georg: Woyzeck, 21. Auflage, Paderborn, 2012.
Klotz, Volker: Geschlossene und offene Form im Drama, 13. Auflage, München, 1992.
Shakespeare, William: The Oxford Shakespeare – The Complete Works, 2.Auflage, Oxford, 2005.

Sekundärliteratur
Baumann, Uwe: Shakespeare und seine Zeit, 1. Auflage, Stuttgart, 1998.
[Hrsg.]Dedner, Burghard & [Hrsg.]Beil, Ralf: Georg Büchner – Revolutionär mit Feder und Skalpell, 1. Auflage, Ostfildern, 2013; [Katalog der Ausstellung Mathildenhöhe, Darmstadt, 13.10.2013-16.02.2014].
Schabert, Ina: Shakespeare-Handbuch, 2. Auflage, Stuttgart, 1978.
Suerbaum, Ulrich: Shakespeares Dramen, 1. Auflage, Düsseldorf, 1980.

Internetquellen

http://www.buechnerbuehne.de/Resources/Briefe.pdf, Büchner, Georg, Briefe, entnommen am 24.01.2015.

http://www.buechnerbuehne.de/Resources/Lenz.pdf, Büchner, Georg, Lenz, entnommen am 24.01.2015.

www.gasl.org_refbib_Goethe__Faust.pdf, Goethe, Johann Wolfgang, Faust I&II, entnommen am 25.02.2015.

http://gutenberg.spiegel.de/buch/anmerkungen-ubers-theater-5805/1, Lenz, Jakob M. R., Anmerkungen übers Theater, 1774, entnommen am 25.02.2015.

http://www.schule-bw.de/unterricht/faecher/deutsch/unterrichtseinheiten/epoch2/sturm-und-drang/genie1.doc, Goethe, Zum Schäkespears Tag, Frankfurt, 1771, entnommen am 08.02.2015.

http://www.tagesspiegel.de/mediacenter/fotostrecken/berlin/bildergalerie-das-globe-theater/4416104.html?p4416104=8, entnommen am 22.02.2015.

http://www.william-shakespeare.de/theater_technik_buehnenbild.html, entnommen am 23.02.2015.

http://www.zum.de/Faecher/D/BW/gym/Buechner/determini_1.htm, entnommen am 08.02.2015.

8. Anhang

1. Anlage: „Die Bühne des Globe Theater" (Zeichnung von Dr. J. C. Adams)[124]

Die Bühne des Globe Theatre (Zeichnung Dr. J.C. Adams)

1. nach drei Seiten offen stehende Vorder-/Hauptbühne
2. Guckkastenbühne mit Vorhang
3. „balkonartige Oberbühne"

---

[124] http://www.william-shakespeare.de/

2. Anlage: Fotos der Replica des Globe Theaters (Filmkulisse)[125]

1. nach drei Seiten offen stehende Vorder-/Hauptbühne
2. Guckkastenbühne mit Vorhang
3. „balkonartige Oberbühne"
4. Bühnenluke[126]

---

[125] http://www.tagesspiegel.de/mediacenter/fotostrecken/berlin/bildergalerie-das-globe-theater/4416104.html?p4416104=8, entnommen am 22.02.2015
[126] http://www.william-shakespeare.de/